どこでも生きていける
100年つづく仕事の習慣

Takuya Senda
千田琢哉

青春出版社

もっとも泣いた人だけが、
もっとも笑うことができる。

頭がよくて器用に何でもこなせる人は、
20代まではチヤホヤされる。
ところが30代で坂道を転がり落ち始める。

「あんなに優秀だったのに……」
「いったい何をどう誤ったのだろう……」

という人が、あなたの周囲にも必ずいるはずだ。

器用で何でもこなせる人は、
器用で何でもこなせることが災いして、
便利屋さんとして人に使われておしまいなのだ。

反対に不器用で遠回りの連続だった人が、
なぜか30代で抜きん出てくる。

リーダーというのは、
人の心の痛みがわかる人のことだから。

CONTENTS

どこでも生きていける 100年つづく 仕事の習慣

CHAPTER 02 コミュニケーション力

別れ際、「ああ、もっと話したかったのに……」と思われる人を目指す。

CHAPTER 03 行動力

確認してからキスするのではない。キスしてから確認するのだ。

CHAPTER 04 観察力

オフィスで誰も気づかなかったゴミを拾える人が、将来リーダーになる。

CHAPTER 05 発想力

「業界の常識で考えて……」が口癖になったら、すでに成長が止まった証拠。

CHAPTER 06 思考力

人は頭がよくなると、謙虚にならざるを得ないようになっている。

CHAPTER 07 ライフスタイル

人生は、油断した1％で評価される。

本文デザイン・DTP／ハッシィ
写真提供／fotolia
©san724-Fotolia.com

本書は２０１１年11月に青春出版社より刊行した『リーダーになる前に20代でインストールしておきたい大切な70のこと』の新装改訂版です。

CHAPTER 01 スタンス

「人の上に立ちたい」という人は、
もっともリーダーに向いていない。

1

最後に残ったものが、あなたの取り分。

いろんな組織の社長を見てきて面白かったのは、沈没していく会社の社長と成長していく会社の社長の違いだ。

沈没していく会社の社長は、まず自分の取り分を確保してから余った分を部下に与える。

業績に応じて社員の給料やボーナスがカットされる割には、自分だけはいつも潤っている社長は少なくない。

成長していく会社の社長は、まず部下の取り分を確保しておいて余った分を自分の取り分とする。

業績がよかった場合にはみんなが潤うが、業績が悪かった場合には自分が一番ダメージを受けるということだ。

これは何も社長だけではない。

たとえば、下の人間は上の人間を3日もあれば見抜くといわれる。

あなたが上の人間を見抜いているように、人の上に立った場合も同様に見抜かれることを忘れてはいけない。

「まずは自分の安全を確保」という本来のリーダーとは対極の考えは、別に悪いことではない。

誰だって放っておくとそう考えて行動する。

だから世の中の圧倒的多数はリーダーではなく、人に使われる側なのだ。

生涯にわたって決定的に周囲に印象づけられるのは、成果の分配という、本能がむき出しになる部分だということは忘れないことだ。

2 負けた戦場では、最後まで残る。

プロジェクトが失敗に終わった際に、それにかかわったメンバーたちの本性が露呈する。

組織の犬としてビクついている連中は、証拠を消して一目散に去っていく。

仮に逃げ遅れたとしても、いかに自分は反対したかの言い訳に終始する。

実は大半の人たちが無意識にとっているこれらの言動が、リーダーになることをもっとも遠ざけるのだ。

将来リーダーとなって活躍していく人は、失敗に終わったプロジェクトの後始末をきちんとする。

戦後日本でもっとも印象的な総理大臣として、田中角栄を私は思い出す。

若い頃の彼は、選挙で負けた先輩議員の事務所の掃除を必ず最後まで手伝っていたという。

選挙に敗れた議員には目もくれずに、勝った議員のところへ媚を売りに飛んでいく人もいる。

でもそうした人たちは自分がどん底に落ち込んだ際に、自分がしてきたのとまったく同様に周囲に裏切られる。

こうして考えると、世の中には順風満帆の時期と逆境の時期があるわけではないことに気づかされる。

真の仲間と出逢える時期と出逢えない時期があるだけなのだ。

プロジェクトが大失敗に終わったら、
逃げたくなる気持ちをグッと堪えよう。
もう一人残っているメンバーとあなたが、将来のリーダーなのだ。

3 チームの中で、ダントツで気が短い。

穏やかで気の長い人はリーダーに向いていない。

リーダーは誰よりも気が短くて喜怒哀楽の激しい人物でなければならない。

ただし、中途半端に気が短い人ではダメだ。

中途半端に気が短い人は年中怒鳴り散らしているから、いつまで経ってもチンピラのように組織の下っ端のままだ。

とてつもなく短気な人は、一見穏やかで気の長い人と同じに見える。

いちいち怒鳴り散らしていたら寿命が縮まってしまうから、そのエネルギーをすべて仕事に転化させていくからだ。

周囲がカチン！　とくるより遥かに前からカチン！　ときている。

お客様がカチン！　とくるより遥かに前からカチン！　ときている。

感受性が豊かで圧倒的に先取りしてカチン！　ときているからこそ、カチン！とこないようにするための改善策を真剣に考える。

同僚と同じタイミングでカチン！　ときているような人は永遠に下っ端のままだ。

お客様から先にカチン！　とされるようでは生涯アマチュアのままで終わる。

カチン！　のスピードを速くするためにはどうすればいいのだろうか。

いい恋愛をすることである。


常に心の底からの第一志望の相手に向かっていきながら、上手くいったりいかなかったりを繰り返している人だけが感受性が豊かになるのだ。

4

会議は開始時間前に始め、終了時間前に終える。

何かの集まりの主催者になった時、ぜひ気をつけてほしいことがある。
時間前に集まってくれた人を退屈させないことだ。
たいていは忙しい人や遠方からやってきてくれた人ほど、時間より前に集合している。
暇で近くの人ほど遅刻してくる。
集合時間ほどその人の熱意を露骨に物語っているものはない。
熱意があって偉い人から順番にやってくると思っておけばいい。
もう一つは、終了時間を死守することだ。

早くやってきている人は、暇だからではない。

忙しいから早くきて時間どおりに帰りたい人なのだ。


伸びる組織の会議は開始時間前にスタートして、予定時間より前に終了する。

沈む組織の会議はいつも遅れて始まり、予定時間より大幅に延長していた。


主催者が遅刻してくるために始めることができないというのだ。

私が研修をした実際の経験談だが、全員揃っていなくても時間より前に着席している人に向けて、雑談を交えてとっておきの前ふりの話をスタートさせる。

すると遅れてやってきたリーダーに「全員揃うまで待ってください」と逆ギレされてしまうことが何度かあった。


こうした会社はたいていその後、見るも無残な姿になっている。

5

いる時は目立たず、いない時に目立つ。

存在感のある人がリーダーになる。

存在感とは何か。

いる時に目立つことではなく、いなくなった時に目立つのが存在感だ。

いる時にはやたら声が大きくて自己主張して騒いでいるのに、いなくなると目立たない人がいる。

この人は存在感がない人だ。

つまり下っ端の人生で終わる。

いる時にはまったく目立たないのに、いなくなった途端に「そういえばあの人がいない」「どこか寂しい」「調子が狂う」という人が存在感のある人だ。
いずれ必ず頭角を現すことになる。

いない時に目立つ人は、いる時に気配を消して周囲を応援している黒子的存在だ。
黒子的存在で周囲を応援し続けてきた人が、時を経て存在感が際立ってくる。

「いつも目立たないけど、あなたがいないと何も始まらないんだよね」ということで、結果的に神輿に乗せて担いでもらえる。

最初から「さあ、私を神輿に乗せなさい」と大声で叫び続ける人は、永遠に神輿を担ぐ側であるばかりか仲間に入れてもらえなくなる。
会議の際に上司から「そういえば今日アイツ見ていないな」と気づかれるようなら、あなたはまだ大丈夫。

遅刻しても欠席しても何も言われないようであれば、
存在そのものが認められていない。

6 最低一人は、部下に出世を抜いてもらうことが目標。

今の組織で最高に出世するコツは、一人でも多くの優秀な部下に抜いてもらうことである。冗談で言っているのではない。

この逆のことをする人が多いので、組織というのは実に面白い。

少し考えればわかることだが、**優秀な部下を先に出世させれば、あなた自身がその組織で最高に出世できるのだ。**

優秀な部下があなたの下から育ったということで評価が上がる。

その部下もあなたに対して感謝を忘れないから、いずれ重役になった際に、あなたを引っ張り上げてくれる可能性がある。

本来課長止まりのサラリーマン人生のはずが、取締役になれるかもしれない。

あるいは部下が副社長になった際、「まだ自分は若いので、しばらく先輩に社長をやっていただけますか」と言われるかもしれない。

もしあなたが部下の足を引っ張って、部下に嫉妬して嫌がらせをし続けたらどうだろう。

恐らく部下は辞めて外で活躍するか、逆に組織内であなたの足を引っ張り始めるから、会社でのあなたの評価は下がる。

もともと課長止まりだったのが、課長代理か係長で終わってしまう可能性もある。


真のリーダーとは、現時点において自分よりも有能な部下がいたら嫉妬するのではなく、さっさと先を越させることができる人だ。

7 二つ上の役職を常に想定して仕事している。

自分はもともと器用でもの憶えがいいから遠回りができない、という人がいる。
そんなぜいたくな人にとっておきの方法がある。
常に1ランク、ないし、2ランク上の立場で仕事をしていくことだ。
平社員であれば課長か部長の視点で。
課長であれば部長か取締役の視点で。
上司の視点で仕事をこなしていくと、まず愚痴が少なくなる。
さらに上司の考えていることが先読みできるようになるから、仕事のクオリティが急上昇する。

常に格上の仕事に挑み続けるから、途中経過で失敗がたくさん経験できる。

リーダーとして活躍していく人の共通点は、リーダーになる前からすでにリーダーのように振舞っていたということがある。

出世した際、周囲から「え！　あの人がリーダー？」と不思議がられるのではなく、「ちょっと遅いくらいだよね」と言われる人が成功していく。

まだ役職にふさわしくないにもかかわらず出世した人は、たいていその後の人生が悲惨だ。

理由は二つある。

一つは自分が傲慢になってしまい、人がついてこないから。

もう一つは周囲から嫉妬されて足を引っ張られるから。

そうならないためにも、予め上の役職を想定して仕事をしていくといい。

8 判断には、目一杯時間とお金を使う。

リーダーを目指す場合、判断と決断の違いは明確にしておくことだ。

判断というのは、できるだけ周囲の声に耳を傾けて、論理的に考えてどれが正しいか見分けること。

決断というのは、判断でふるいにかけたものの中から、「えいやっ！」と一つに絞ること。

判断の段階では論理的に考える必要があるが、それを勝ち抜いた選択肢の決断段階になると好き嫌いで決めていい。

実は決断力を磨くためには、その前段階の判断力を磨いておく必要がある。

判断が疎かになっては、質の高い決断などできるはずがないからだ。

ところが多くの失敗例として、この逆をやらかしてしまう人が跡を絶たない。ろくに判断しないまま決断しようとして、いつまで経っても決められない人だ。しまいには苦し紛れに多数決で決めてしまうから始末に負えない。

将来リーダーとして活躍していくためには、判断する方法を習得することだ。

インターネットや書籍などによる情報収集も必要だろう。

社内外で各分野に詳しい人脈を把握しておくことも必要だろう。

これらの判断材料には許される限度内であれば、どれだけ時間を費やしてもどれだけお金を使ってもかまわない。


判断に時間とお金をケチったら、リーダーは終わりだ。

9 遅い決断は、犯罪であると考える。

判断にはいくら時間とお金をかけても問題ないと述べた。

しかし、決断ではモタモタしているのは犯罪である。

あなたも日々経験しているだろうが、「この人にはついていけない」と見切りをつける瞬間を思い出してほしい。

それは決断できない人がリーダーになった場合である。

人は決断を誤るリーダーに絶望するのではなくて、決断できないリーダーに絶望するのだ。

アクション映画によく出てくるシーンを想像してみよう。

時限爆弾が仕掛けられていて、AとB二つの配線いずれかをペンチで切り離さないと爆発してしまう。もちろん誤って切り離した場合も爆発する。

決断というのはいつもこの連続だ。

この時にあなたが決断できずにそのまま爆発してしまったら、メンバーたちは死んでも死にきれない。

リーダーで決断できないのは犯罪そのものなのだ。

それなら爆発するほうの配線を切り離してしまって死んだほうが、まだ諦めもつく。

いずれにしてもどちらかを切り離すという決断をしなければ、助かる可能性はゼロなのだ。


優れたリーダーたちは、「迷ったら経験したことのないほうを選ぶ」「迷ったら周囲が反対するほうを選ぶ」など明確な決断の軸を持っていた。

10
プロセスに口を出すが、結果に口を出さない。

ある会社の創業社長とサラリーマン社長の実話だ。

創業社長は名うての天才経営者として30年以上組織を成長させ続けてきた。一代で東証一部上場企業にもなった。

その後すっかり基盤が構築されてからサラリーマン社長が後を継いだ。

サラリーマン社長は数年間会社を急成長させたものの、まもなく会社が見るも無残な業績に落ちぶれるのを見越した上で、冴えない次期社長にバトンタッチした。

案の定、会社の業績は衰退の一途。

この二人の社長の違いは何だったのか。それは明確だった。

創業社長はプロセスには口うるさく何度もダメ出しする人だったが、出た結果に対しては何も言うことがなかった。

それに対してサラリーマン社長はプロセスにはいっさい口を出さなかったが、出た結果に対してはボロクソに罵声を浴びせた。

これだと憎しみしか残らない。

組織の大小は関係ない。

むしろ顔がよく見える数人のチーム内にこそ当てはまるといっていいだろう。

プロセスにも結果にも口を出さなければ、それは仕事ではなくて遊びになってしまうから言語道断だ。

どうせ口を出すのであれば、もう出てしまって取り返しのつかない結果に対してではなく、プロセスで口を出しておくべきだ。

それが真の愛だ。

CHAPTER 02

コミュニケーション力

別れ際、「ああ、もっと話したかったのに……」
と思われる人を目指す。

11 部下から先に挨拶されたら、アウト。

コミュニケーションの達人をよく観察していると気づかされることがある。

挨拶を自分からするということだ。

「そんなの当たり前ではないか」とあなたは思うかもしれない。

ところが当たり前ではないのだ。

10人のうち9人は「自分から」挨拶できない。

ビジネスにおいては入社年次・年齢・役職・性別・社内外問わず、相手の存在に気づいたら自分から挨拶をするのがルールだ。

アイツは後輩だからといって相手から挨拶するのをふんぞり返って待っているのでは、挨拶ができていないことになる。

社内で上司から部下に先に挨拶をする会社は、必ず業績が伸びている。

部下がいずれ上司になって組織のリーダーになった時にも、同様に部下より先に挨拶するようになり、コミュニケーションがとれるようになるからだ。

部下の気持ちになればすぐにわかることだが、上司から先に挨拶されたら「ヤバい！」と気づかされる。

「明日は絶対に自分から挨拶しよう」と、心に強く誓う。

これが社内に挨拶を溢れさせて、コミュニケーションを活発にしていく方法なのだ。

相手から挨拶されるのを待っているような社員がいる会社は、いざとなったら挨拶が溢れかえっている会社に一瞬で打ちのめされてしまう。

12 感情で褒めちぎって、理性で淡々と叱る。

できるリーダーは、部下を褒める際には感情をむき出しにして、まるで自分のことのように喜ぶ。

逆に叱る際には、冷静沈着になって理性的に淡々と諭しながら気づかせる。

ダメなリーダーは、部下を褒める際には冷静になって「いい気になるなよ」「これを続けることが大切だからな」と妙に冷めている。

逆に叱る際には、感情をむき出しにして怒鳴り散らす。

できる人とできない人とでは、感情と理性を出すタイミングが逆なのだ。

感情と理性を出すタイミングが、その人の年収やポジションを決定していく。


自分自身を振り返ってみてほしい。

あなたが「このリーダーについていきたい！」という人はどちらだろうか。

できるリーダーについていきたいのは誰もが同じこと。

ところがいざ自分がリーダーになると、ダメなリーダーをそのまま踏襲してしまう人が跡を絶たない。

現在ダメなリーダーの下で働いているという人は、注意が必要だ。

「自分は絶対にこんな風にはなりたくない！」と思っていると、そっくりそのままそのダメなリーダーのようになってしまうからだ。

人間の脳は善悪ではなく、強くイメージしたとおりに体を動かすようにできている。

だから嫌なリーダーではなく、
理想のリーダーをイメージしながら生きたい。

13
「ごめん」と口にするスピードが、チーム内で一番。

「ありがとう」運動というのが一時期流行った。

「ありがとう」を頻繁に口にするのは確かに気持ちがいいものだし、幸せな人生を送るためには必須だと思う。ぜひそのまま続けてほしい。

ところが私が今まで一緒に仕事をしてきた優れたリーダーたちによく見られた傾向として、「ありがとう」の数よりも「ごめん」と口にするスピードが速いことが特徴的だった。

子どもを観察していればすぐにわかることだが、「ありがとう」は難易度が低いから、誰でもすぐに口にできる。

ところが「ごめんなさい」は難易度が高い。

子どもは「ごめんなさい」を口にできずに躊躇して、思わず泣き出してしまうこともあるくらいだ。

実は子どもよりも大人のほうが「ごめんなさい」を口にすることが苦手だ。

しかも**組織において中途半端な役職の人ほどプライドが邪魔をして「ごめんなさい」のスピードが遅い。**

プライドとはコンプレックスの裏返しである。

中途半端な会社の中途半端な役職の人ほどコンプレックスが強烈だから、プライドが高い。

だからいつまで経っても中途半端な会社は中途半端なままだし、中途半端な人は中途半端なままなのだ。

あらゆる人間関係は、「ごめん」が口にできないことが原因で決裂していく。

14

「ちゃんと報告・連絡・相談しろ！」ではなく、されやすい人になる。

ビジネスにおいて上司への「報告・連絡・相談」は必須だ。

報告とは事後を知らせること。

連絡とは途中経過を知らせること。

相談とは事前に知らせること。

逆時系列になっているのだが、要は逐一情報を知らせておけということにほかならない。


情報の情は「なさけ」だから、相手を思いやる気持ちを持って相手が助かるように知らせなければならない。

あなたが部下の場合は上司から「うるさい！」と言われるくらいに、常に情報提供することを心掛ければいい。

だがあなたがリーダーになった場合はどうか。

「報告・連絡・相談ができないのはけしからん！」「情報提供しない部下が悪い」とひたすら部下の責任にしていては仕事にならない。

自ら「報告・連絡・相談」されやすい人になっていく必要がある。

そのためにはどんな些細な情報提供に対しても、「ありがとう」「助かった」のひと言を伝えていくことである。

「ありがとう」「助かった」のひと言を伝えるのに1秒もかからない。

忙しくて「ありがとう」「助かった」のひと言が伝えられない人はこの世に一人もいない。

もし「ありがとう」「助かった」のひと言が伝えられないくらいに忙しい人がいたら、そんな人生に果たして何の意味があるだろうか。

15 「話」：「聴」の配分は、いつも1：9。

自分の商談や会話をICレコーダーに収録して聴いてみると、驚かされる。

自分がいかに話しすぎかという事実にだ。

たいていの人は「あの人はよく話す人だな」「あの人は話を聴けない人だな」と、他人の評価には滅法厳しい。

ところが、実は相手にもまったく同じ印象を与えているかもしれないと、一度考えてみる価値はある。

世の中はゴルフ場とまったく同じで、教えたがり屋さんと話したがり屋さんで溢れかえっている。

自分の話を聴いてほしい人ばかりなのだ。

プライベートでも人の話をきちんと最後まで聴く人がモテるように、仕事においても人の話をきちんと最後まで聴く人に圧倒的な人望が集まる。

人は教えてくれる人ではなく、聴いてくれる人を好きになる。

この事実を踏まえた上で今日からあなたに心掛けてほしいのは、「話」:「聴」の比率を1:9にすることだ。

商談で上手く話がまとまる時間配分は、「話」:「聴」＝2:8とか3:7くらいだ。

ところが最初から2:8や3:7を目指してしまうと、たいていは話しすぎてしまい、5:5に収まるか否かという結果になりかねない。

だから「話」:「聴」＝1:9を肝に銘じて
コミュニケーションをとるくらいでちょうどいい。

16 部下を説得する時は、あなたは部下の1000倍納得していること。

リーダーになると、部下を毎日のように納得させなければならない。

ところが人というのは、もともと納得させられることが大嫌いだ。

納得させられるのではなくて、自分から納得したと思い込みたいのが人間だ。

あなたも部下のうちは「納得できないんですけどぉ……」と呑気に構えていても生きてこられただろう。

ところが一人でも部下を持つようになると、今度は納得させる側になるわけだ。

そこですぐに気づかされることがある。

人を納得させるためには、まず自分が相手の1000倍納得していなければ話にならないということだ。

1000倍の内訳は、広さ10倍×深さ10倍×熱意10倍である。

人は、自分より圧倒的に納得している相手から説得されるようにできている。

相手と同程度の納得度では、とてもではないが納得させることなどできない。

うだつの上がらない上司の特徴は、自分がそれほど納得できているわけでもないのに部下を納得させようとすることだ。

「俺だってつらいんだ、わかってくれよ」「これは命令だからつべこべ言わずにやればいいんだよ」というのは、最低の説得のレベルである。

自分が納得できていないことを他人に納得させようとするのは
犯罪なのだ。

17

部下の話を聴く際の相槌は、いつも「なるほど」。

人から話しかけてもらいやすいための魔法の言葉がある。

それが「なるほど」だ。

膨大な数のセールスパーソンたちと面談してきて気づかされたのは、業績のいい人ほど人の話を聴く際に「なるほど」を口癖にしているということだ。

反対に業績の悪い人の特徴は、苦虫を噛みつぶしたような表情で「納得できない」「根拠は？」を口癖にしている。

どちらに情報が集まるのかは明白だ。

情報は、人がお金の種と一緒に運んでくる。

人とお金は頭のいい人やロジカルシンキングができる人に集まるのではなく、感じのいい人に集まる。

ロジカルで頭のいい人が組織でうだつが上がらないことがある。

その人は周囲から話しかけてもらえないために、情報が不足しているからにほかならない。

コンサルティングという私の仕事でも、最終決定打となるのは知能指数でもなければロジカルシンキングでもない。

いかにクライアント先の現場社員からエグゼクティブに至るまでコミュニケーションをとりながら情報収集ができたか否か、で決まる。

コミュニケーション能力が低いと、どんなに優秀でも相手は心を開いてくれないから、情報が集まらない。

ロジカルシンキングより聴く力を身につけるほうが、はるかに有効だ。

18 終業間際の重い10行メールより、軽くて頻度の高い3行メール。

重要なコミュニケーション手段としてメールは必須になってきた。

ところがこのデジタル化真っただ中のメールのやりとりでこそ、その人のアナログ力が露呈することを忘れてはならない。

アナログというのはデジタルと相反するものではない。

アナログとデジタルは常に一体化するものであって、デジタル化は究極のアナログ化実現のための手段にすぎない。

メールのやりとりほどその人の本性がわかりやすいものはないのだ。

会えばいい人なのに、メールのやりとりだと急に凶暴になるという人は、メールのやりとりこそがその人の本性だ。

気の小さい人が酔っぱらうと暴れん坊になったりするのは、普段は表に出す勇気がないけれど暴れん坊の願望が強く眠っているということだ。

いつも終業間際に精神的に重くのしかかってくるようなメールを送ってくる人がいる。

ひどい人になると金曜の晩になって

「月曜の朝イチまでで結構ですので……」とメールを送ってくる。

「月曜の朝イチまでで結構ですので……」の「……」の部分は、「私はしっかり休日を確保させていただきますが、あなたは土日の間に仕上げてください」ということなのだ。

こうした人たちから、人は離れていく。

メールはいつも3行以内を意識して、頻度を高くしよう。

19

何も用がなくても、「今日はまだ話してないよね」と話しかける。

クライアント先のエグゼクティブで、社内外からともに絶大な信頼を寄せられている人がいる。

あるパーティーの際に、これがその人が周囲を虜にする秘密ではないかと思われる片鱗を教わった。

教わったといっても丁寧にレクチャーを受けたのではなくて、そのエグゼクティブが部下に話しかけた言葉に、私が一方的に感動させられたのだ。

ポンと肩に手を触れながら「今日はまだ話していなかったよね」とエグゼクティブ自ら

が話しかけていた。
「うわっ！　かっこいい」と思った。
こんなに素敵な挨拶の仕方があるだろうか。
もちろん話しかけてもらった部下たちは、メロメロになって感動する。
そして相手のことを大好きになるのは間違いない。
「この人に生涯ついていこう！」と思わせる瞬間だ。
コミュニケーションは用がないととることができないというのは、単なる言い訳だ。
コミュニケーションは用がなくてもとることによって、用が発生するのだ。
コミュニケーションから笑顔が生まれ、笑顔から知恵が生まれる。
知恵が生まれると、そこに人とお金がどっと集まってくる。

挨拶とまったく同じで、コミュニケーションを自ら発信していくことによってでしか、組織は活性化しない。

20

発言はいつも「結論」→「理由」→「具体例」で、30秒以内。

素敵なリーダーを観察していると、自分の意見を述べる際にまず「結論」を述べていることに気づかされる。

あなたが結論を最初に述べることによって、あなたにかかわるすべての人の時間を大幅に増やしていくことができる。

勇気を振り絞って結論をポンと出してしまえば、必ず理由を求められるだろう。

だから次に理由を話せばいいのだ。

これが短時間で深くコミュニケーションをとっていくコツだ。

結論と理由をさっさと述べてしまえば、どんなに忙しい人を相手にしても時間泥棒しなくてすむから好かれる。

「更に詳しく教えてほしい」「もっと知りたい」と相手がすり寄ってきた場合は、具体例を交えながら説明してあげればいい。

テレビの討論番組を見ているとわかるのだが、1回の発言が30秒を超えたあたりから話は聴いてもらえなくなることも憶えておくといい。

そのためにもテキパキと「結論」→「理由」→「具体例」の順番で話す訓練をしておく。とても好印象で優れた人間関係を構築することができるようになる。

これと反対にいつも時間だけはやたら長いのに、結局何が言いたかったのかわからないという人がいる。

最初に結論が出ない話は、最後まで結論が出ないと相場は決まっている。

CHAPTER 03

行動力

確認してからキスするのではない。
キスしてから確認するのだ。

21 はじめの一歩が、猛烈に速い。

夢を形にしていく人の共通点は何か。

何かをスタートする際の、はじめの一歩が猛烈に速いということだった。

スポーツでフライングは失格だが、人生においてはフライングしなければ失格だ。

「位置について、用意」と言われた頃には、とっくにフライングでスタートしてしまって姿が見えなくなっている人が夢を実現させていく人だ。

次々に夢を実現していく人と、いつまでも安い居酒屋で夢を語り続けているだけの人生で終わる人との違いは、一歩踏み出すまでの時間の差だったのだ。

たいていのヘナチョコサラリーマンはゴチャゴチャ言い訳するのだけは得意だが、はじめの一歩がなかなか踏み出せない。

勇気がないからだ。

「前例がない」「成功率が読めない」からといって、誰かがやってみるまで他人の背中に隠れながらじっと見守っている。

これはリーダーとしての姿の対極だ。

どんなことでもそうだが、いざ一歩を踏み出してみてわかるのは、自分が恐れていたほどのことにはならないということだ。

だからこそはじめの一歩を踏み出した人たちは、これからの人生でますますはじめの一歩を踏み出すことが快感になっていく。

はじめの一歩を踏み出せない人たちは、これからの人生でますますはじめの一歩を踏み出すことが怖くなっていく。

たったこれだけの違いだ。

22 間違いとわかったら、撤退が猛烈に速い。

優れたリーダーはスタートの決断が速いが、状況が変わってそれが間違いだとわかった時の撤退も猛烈に速い。

決断には「やる」決断と「やめる」決断があって、どちらも同じ決断であることには変わりはない。

その決断が間違いであると気づいたのに、せっかく決断したからといつまでもこだわって撤退しないと、それこそ取り返しのつかないことになる。

やりすぎというのは何もしないよりも状況を悪くする。

あらゆるゲームでも、オーバー（過剰）するのはショート（不足）するよりも負けだ。ショート（不足）しても最低限の基準をクリアしていれば勝負できるが、オーバー（過剰）した瞬間にゲームオーバーである。

オーバーしそうになったら、必ずその事前でストップさせることだ。

「せっかくここまでやったのに……」という周囲の声に惑わされてはいけない。

現在組織で活躍しているリーダーたちは、若い頃、「せっかくここまでやったのに」という周囲の声を払い除けた経験のある人たちばかりだ。

計算機でいうところのAC（オールクリア）を押す決断は、重要なことだ。

目標を達成するためのもっとも近い道は、ボタンをかけ違えたと気づいた瞬間に、もう一度最初からボタンをかけなおすことなのだ。

23 メールは原則、24時間以内に返信する。

メールのレスポンスを見ていると、その人の行動力がとてもよくわかる。

たいして意味のないメールや返信したくないメールに対しての返事はする必要はないが、仕事で相手が何かを求めている場合には、営業日の24時間以内に返信をしてあげることだ。

朝の10時にメールをもらったら、翌朝10時までには返信しておく。

どんなに忙しい人でも、これくらいなら必ずできるはずだ。

もし、これすらもできないようであれば、今のあなたの仕事はキャパオーバーで、周囲に迷惑をかけていることになる。

もちろん中には返信を期待されているのだが、重くて返信しにくい内容のメールもあるだろう。

その場合にも何も返信せずに放置しておくのではなくて、「拝受しました。後日改めて拝読します」とだけ1行メールしておけばいい。

1分かからない。

相手としては返信の内容以上に、自分が送信したメールがきちんと届いているかどうかが気になっている。

3日以上経っても何も返事がないとなれば、それだけで人間関係が気まずくなってしまう。

自動返信メールで開封通知機能があれば確認はできるが、やはりあれだけでは味気ない。

たとえ1行でもいいから自らが書いた文章で返事をしておく習慣が、周囲の人望を勝ち取るのだ。

24 上司に育ててもらった恩返しはすべて部下にしよう、と考える。

私のサラリーマン時代の師匠の口癖に、「恩返しはオレにしようと思うな。部下にしろ」というのがあった。

20代の頃には真意がよくわからなかったが、今ではこれを忠実に実行してきて本当によかったと感謝している。

師匠が天才だったこともあるが、してもらったことをそのまま相手に恩返ししようとしても、恩返しではなくて足手まといになるだけだ。

だったら出世した際に自分の部下に師匠から教わったことを伝えていくのが、巡り巡って恩返しになるということなのだ。

上からご馳走になったら、下にご馳走する。

上から育てられたら、下を育てる。

今ではこれが自然の摂理に適っていると一点の曇りもなく確信できるようになった。

その師匠も上から教わってきたことをそのまま下に伝えていたのだ。

一番ダメなのは、上から授かったものを一人占めしてせき止めてしまう人だ。

人体がインプットとアウトプットのバランスをとりながら生存しているのと同様、恩返しも流通させていかなければ淀んで腐ってしまう。

できもしないのに上にそのまま恩返しをしようとするのは、せき止めているのと同じだ。

リーダーになる人は恩返しのサイクルをせき止めない人だ。

恩返しを流通させる人がリーダーだ。

25 部下育成の仕上げには、時にはわざとドタキャンする。

部下を本気で成長させようと思ったら、同行する予定だったものをあえてドタキャンしてみることだ。

笑いごとではなく現在リーダーとして活躍している人たちの多くは、上司がドタキャンの常習犯だったと口を揃える。

「優秀だったが、とてもだらしない上司だった」「どうせまたドタキャンされるだろうな、といつも覚悟していた」と嬉しそうに話す成功者たちをたくさん見てきた。

そして最後は「あの時のドタキャンがあるから今の自分がある」とみんな感謝していた

のだ。

優秀でまっとうな上司の下で一度もドタキャンされることなく生きてきた20代は、純粋培養で育てられた植物のように脆い。

ドタキャンなんて人間として最低だと正論を吐く。

もちろん初歩的なこともできていないうちからドタキャンしていては、相手に迷惑をかけることになるからマナー違反だ。

だが部下がずっと60点や70点でくすぶっていて、80点や90点ラインを超えるのに時間がかかっているようであれば、部下のためにドタキャンしてみる価値はある。

合格ラインに到達できないのは、依存心がネックになっていることが多い。

依存心を取り除くと当事者意識を持つようになるから、吸収力が桁違いになって部下は成長できる。

26

部下から「あの件どうなりましたか?」と言わせない。

コンサルティングで様々な組織を見てきたが、業績の悪い会社というのは決まって「ところで、あの件どうなりましたか?」と、こちらから問い合わせなければならなかった。「あの件どうなりましたか?」とこちらが問い合わせるまで、いっさい連絡がこないのだ。つまり社内でも「あの件どうなりましたか?」という質問が飛び交っており、お客様にも「あの件どうなりましたか?」と言わせてしまっている。お客様に「あの件どうなりましたか?」と言わせるのは、レストランで「すいません」とお客様に声をかけさせてしまうのと同様に悲しいことだ。

相手はすでにしびれを切らせていることに気づく感性が必要だ。

リーダーも同じ。

リーダーは「……ところで、あの件どうなりましたでしょうか？」と誰にも言わせない。

なぜなら、すべてにおいて先回りしながら仕事を進めているからだ。

上司からはもちろんのこと、部下からも「あの件」について質問されたり心配させることもない。

特に部下は遠慮しながら「あの件」について質問してくることを考えると、「ひょっとして忘れているんじゃないだろうな」と心配されていることに気づきたい。

人望はこうした積み重ねで構築されていく。

27

雑用のスピードが、どの部下よりも速い。

偉大な会社というのは偉大な業績を上げているのだが、やっている仕事自体は他社と同じだったりする。

同じことをやっているのに業績が違うのは、仕事をしている人の表情が違うからだ。

表情の違いは、仕事を楽しんでいるか否かの違いだ。

まったく同じ仕事をしているのに、どうして楽しい人と楽しくない人がいるのだろうか。

仕事を楽しんでいる人は、雑用を文字どおり雑に終わらせないということだ。

すべての仕事は雑用を憧れの仕事に変えていくこと。

たとえば会議に使うプロジェクターの準備、資料のコピーとり、後片づけ……すべてを芸術的に仕上げていくのだ。

芸術的に仕上げるということは、何も言わずとも誰がやったのかがわかるようになることだ。

そして例外なくスピードも速い。

こんなにスムーズに会議の機材が設置されているのは、アイツがいてくれるからだ。

こんなにコンパクトに資料が作成されているのは、アイツがいてくれるからだ。

こんなに美しく後片づけがされているのは、アイツがいてくれるからだ。

そんな評判が立つようになれば、もはや雑用をさせてもらえなくなる。

「あんなに優秀なのに雑用をさせておくのはもったいない」と、勝手に引っ張り上げられる。

28 集合場所には、いつも一番に到着している。

集合時間に一番乗りで向かう人は、将来大物になる人が多い。

どんなに朝早くに集合時間を設定しても、一番乗りで到着する人はいつも決まっている。

一番乗りで到着する人は、のんびりして暇だから早く到着できたのではない。

マネジメント能力が高くて成功しているから自由時間を生み出せて、ゆったりと一番乗りができたのだ。

という事実を踏まえると、集合時間にはできるだけ早く到着しておくに限る。

そうすれば成功している人順にやってくるから、まだ周囲に誰もいない間に知り合いになることができる。
少なくとも相手の記憶に鮮明に刻み込まれるのは間違いない。
チャンスはこうやって掴んでいくのだ。

反対に集合時間ギリギリに駆け込んでくる人たちは、たいてい組織でも下っ端だと相場は決まっている。

5分前くらいにドッと群れをなしてやってくる。
この人たちは成功者たちと永遠に知り合いになることはできないし、記憶に残らない。
チャンスが掴めないから、下っ端のまま人生を終えていくことになる。

集合時間は終業時間ギリギリとか
朝の早い時間帯を設定された時こそが、チャンスだ。
多くの人が遅刻してくる時に、一番乗りすると際立つ。

29 改善と改革の違いを、明確に理解している。

20代のうちからぜひ意識しておきたいのは、言葉の違いである。

うっかりすると使い間違えてしまいそうな日本語には、明確な違いがある。

リーダーとして成功していく人は、言葉の違いにとても敏感だ。

その一つに「改善」と「改革」の違いがある。

リーダーになったら「改善」と「改革」の違いを明確にしておくことが求められる。

「改善」というのは毎年30%ずつ変えていって、3年計画でのんびり変えていきましょう、
というものだ。

たいてい伸び悩んでいる組織は「改善」が大好きだ。

壁一面に「○○改善」「改善月間」と書かれたポスターがペタペタ貼ってある。

そして「3年計画」というのは「3年先延ばし」にほかならず、実現された例はない。

改善はたいてい「来月から」「来期から」「来年から」といったキリのいいところからスタートさせるつもりで、そのまま自然消滅していく。

それに対して「改革」というのは一瞬にして51%以上を変えてしまうと決断することだ。

キリの悪いところからでもスタートして、たちまち実現させていく。

迷いがないのだ。

だから改革という言葉の重みを知っている人は、
軽々しく口にしたりはしない。
改革にはいつも血を伴うのだから。

30 紹介された本は、相手の目の前で注文する。

リーダーは応援される人だ。

人から応援され続ける人は、いつもスピードが速い。

「何かいい本を紹介してくださいよ」と社交辞令も含めて頼んでおきながら、次に会った時に聞いてみると、まだ読んでいないのはもちろんのこと、買ってもいないという人がいる。

この人を応援しようとは、誰も思わない。

応援される人は目の前でスマートフォンからアマゾンなどで注文してしまう。

翌日届いたものを読んでメールで感想を送っておけば、親しくなれる可能性が飛躍的に高まるだろう。鮮明に相手の記憶に残るだろうし、「こいつは可愛げがある」と思ってもらえて応援されやすくなる。

「最近、何か面白い本ありませんか？」「最近、いい映画ありませんか？」という質問は、本来すべきではない。

あなた自身が面白い本やいい映画を味わって、情報を求められる存在になるべきだからだ。

だが、一方的に相手から紹介されることもあるだろう。

その際には相手がつき合っていきたいと思える人であれば、目の前で紹介された商品を即購入してしまうことが大切だ。

やることはまったく同じでも、タイミングを逃さないだけで行動の価値は1億倍違ってくることを肝に銘じておきたい。

CHAPTER 04

観察力

オフィスで誰も気づかなかったゴミを拾える人が、
将来リーダーになる。

31 部下全員のフルネームを、漢字でスラスラ書ける。

あなたがリーダーになったら、ぜひ心掛けてほしいことがある。

それは部下のフルネームを即答できるのはもちろんのこと、漢字でスラスラ書けるようにしておきたいということだ。

たったこれだけのことに、たいして時間はかからない。

ところがその効果は絶大なのだ。

1年間も一緒に仕事をしていると必ず何度か「アイツの下の名前は何だっけ？」という話題になる。

たいていの人がそれに答えることができない。

そんな中であなたが即答して、「こういう漢字だよ」と目の前で書き上げたらどうだろう。

周囲は「この人はすごい人だ」と尊敬するし、その噂は本人の耳にも必ず入ることになる。

これがチームをマネジメントしていく際に強烈な武器になるのだ。

「そんな些細なこと」とバカにする人ほど、マネジメントで苦労することになるだろう。

「些細なこと」に気づいていくことが、その人の観察力であり、そのまま組織のポジションに比例していくのだから。

ちなみにどちらかというとデキが悪かったり扱いづらかったりする部下ほど自分の名前の間違いにはうるさい。


そういう部下のことでいちいち頭を悩ませないようにするためにも、フルネームで名前を憶えておくのはとても有効なのだ。

32 部下の喜怒哀楽のポイントを、各一つずつ脳裏に刻み込んでおく。

部下に限らず人をマネジメントしていく際に有効なポイントがある。

その人の喜怒哀楽を、意識してきちんと観察しておくことだ。

何も難しく考える必要はない。

通勤電車の中や休日の暇な時にでも特定の誰かをイメージして、その人が何に喜怒哀楽を示すのかを考えてみるのだ。

あの女性はお茶を入れてくれた時にお礼を伝えたら、えらく喜んでくれた。

あの後輩は自分の出身校の話になると急に不機嫌になって、話を逸らしたがる。

取引先のあの部長は娘さんの自慢話をしている時の顔が一番輝いているな。

こんな感じで「喜」「怒」「哀」「楽」の窓にポイントを一つずつ書き込んでいくだけでいいのだ。

その人との人間関係で壁にぶつかったら、さっとそのシートを思い出してみる。

必ずそこからヒントが浮き彫りになるはずだ。

冗談ではなく効果は絶大である。

あなたの上司に対しては「喜」「楽」のポイントを衝くように接していき「怒」「哀」のポイントに触れるようなことは極力しないことだ。

それだけで出世できることは間違いない。

あなたの部下に対しても同様で、もし「怒」「哀」のゾーンに入り込んでいる際には「喜」「楽」のゾーンに入るように環境設定してあげるといいだろう。

33 部下が一番好きな作家の本を、1冊読んでみる。

サラリーマン時代に、新しく配属された部下に対してよくやっていたことがある。

その部下が一番好きな作家の本を聞いて、その場でインターネット購入し、届いたら即日読んでおいたことだ。

「あの本読んだよ」と言って話しかけると、それだけで相手は感激したものだ。

そこで感想を述べる際には絶対に批判しないことだ。

よい部分、しかも相手が見過ごしていそうな細部を褒めてあげるといい。

何か同じ秘密を共有したような気分になって、絆が深まる。

何十人からそれぞれが一番好きな作家の本を紹介してもらうと、今までの自分では絶対に読まなかった世界に触れる、とてもいい経験になる。

そして、徐々にわかってくることがある。

紹介される本は、相手が持ち合わせていない憧れやコンプレックスの対象だということだ。

「強い女性に見られたがっているんだな」とか「外見は草食系に見えるけど内面は相当な肉食系だな」といった人となりが浮き彫りになってくる。

「あなたの本質を教えてください」と聞いても正直に教えてくれる人はいない。

しかし「一番好きな作家を教えてよ」と聞くと、多少恥ずかしがることはあっても、たいていは教えてくれる。

34

部下が一番好きなミュージシャンの曲を、1曲聴いてみる。

多少コミュニケーションがとれるようになってきたら、何かの機会に好きなミュージシャンを質問してみることだ。

「そういえば最近聴いていない」という人であっても、10代の頃好きだった曲くらいあるはずだ。

仮にかなり昔の曲であったとしても、簡単に入手できる。

すぐにレンタルしたり購入したりして、ちゃんと聴いてみることだ。

どんなに趣味が合わない音楽でも、紹介してくれた人がなぜその曲を好きになったのかを想像しながら聴いていると必ず何かに気づかされるはずだ。

その曲の歌詞はどのようなメッセージなのか、時代背景はどうなのだろうか、そうやって想像していくだけでワクワクしてくる。

私の今までの経験では寂しくて静かな曲が好きだという人たちは、熱くて軸のぶれない人が多かったように思う。

反対に明るくて賑やかな曲が好きだという人たちは、内向的で物静かな人が多かった。

たいていは第一印象とは逆のところにその人の本質があるように、好きな音楽はその人の〝こう見られたい〟願望であって、現状では持ち合わせていない部分を顕している。

このように音楽を聴くだけで相手が望んでいるもののヒントを掴めるだけでなく、あなた自身の価値観が広がって深まる。

35 部下が一番好きな映画を、72時間以内に観てみる。

きわめつけに、好きな映画も教えてもらおう。

自分から頼んで紹介してもらったら、72時間（3日）以内に具体的なアクションを起こすことだ。

72時間以内にアクションを起こさない人は、永遠に何も成し遂げることがない。

72時間以内にアクションを起こした人に対して、人は応援したくなる。

「紹介した映画をこんなに早く観てくれたの？」というサプライズが最高のお礼だ。

好きな映画を聞き出す際には、予め72時間以内に鑑賞できるようにしておく。

映画の場合は近所のレンタルショップで借りればすむ話だから、金曜日に教えてもらったら土日で鑑賞すればいい。

そうすれば月曜日には「映画観たよ」と、最高のコミュニケーションをとることができる。

映画というのは内容以上に、それを観た背景によって大きく影響される。

これは本も音楽もそうなのだが、10年前に読んだり聴いたりした時に感じたことと、今感じることはまったく違う。

人はそれだけ変化しているからだ。

映画の感想のコツは「学生時代の片想いを思い出したよ」「挫折を克服した時の苦労と爽快さを思い出したよ」といったように、「自分の経験」と結びつけて話すことだ。

相手の返事も格段に中身が濃くなるだろう。

36 部下の両親の長所と短所を、大人の目線から教えてもらう。

これは入社面接の際にも使えるのだが、人はよくも悪くも両親に似てくるという特性がある。

入社前の第一印象をどんなに精査するよりも、両親について教えてもらったほうが入社後のその人の活かし方の参考になる。

「面接の際にはあんなに感じがよかったのに……」という人が入社して時間が経過すると、まったく別人のように変わり果てることがあるのは両親の短所に酷似してきたのだ。

より正確にいうと時間が経過すればするほど、男性は父親に似て女性は母親に似てくる。

これからしばらく一緒に仕事をしていくメンバーには、慣れた頃を見計らって「大人の目線から自分の両親の長所と短所って考えたことある？」と話をふってみるといいだろう。

自分自身の長所と短所の分析は多くの人が間違っているが、他人である両親の分析は見事にしてくれるはずだ。

ところがそれは両親の分析ではなく、そのまま自分自身の分析になっていることが多い。

得意気に話してくれている両親分析こそが、実は本人分析そのものなのだ。

もちろん欠点ばかりに目を向けるのでは意味がない。

むしろ長所にこそ目を向けて、

どうしたらその人は力を存分に発揮できるのかのヒントを掴むのだ。

37

出社時の部下の挨拶の表情や声のトーンを、きちんと憶えておく。

朝イチの表情は、その人の現在の心理状態を如実に物語っている。

出社してしばらくすると建前の雰囲気を装うことができるが、出社直後はその人の本音だ。

タイムカードをチェックすれば一目瞭然だが、たいてい落ち込んでいる人は朝の出社時間が次第に遅くなってくる。

出社時間の遅い人は挨拶の声が小さくて声も生気がなくて暗い。

そうした人たちを取り返しのつかない状態になってから退職に追い込むのではなく、**いかに早い時期に察知してあげるのかがリーダーの役割なのだ。**

コンサルティングをしていた時に、クライアント先でよく見られたのだが、とても優秀だったはずの幹部候補が組織のがん細胞と化してしまうことがあった。

私にはこれが不思議でならなかった。

とことん観察して本質的な原因を突き詰めたところ、原因はその社員ではなく組織にあることに気づかされた。

優秀であるがゆえに、組織の悪い部分を、いち早く察知していたのだ。

何度もアラームを鳴らし続けているのに、上の人間が見て見ぬふりをして隠ぺいしていた。

初期のアラームは挨拶の表情と声のトーンで必ず判別できる。


週に一度くらいのペースでいい。

特に気になった部下を休憩に誘って一緒にコーヒーを飲もう。

38

出張精算の水増し請求は、100％撲滅する。

交通費の水増しを見て見ぬふりをすることが日常化している組織は、いずれ必ず企業犯罪に関与する。

部下の交通費の水増しなんて、上司であれば瞬時に判別できるものだ。

にもかかわらず見過ごすのは、自分も水増ししているからにほかならない。

交通費の水増しをする部下は、必ず仕事でもずるいことをしている。

巡り巡ってずるいことをしている集団だから、ありとあらゆる仕事で偽装するようになる。

少なくともあなたに直接かかわる人に対しては、出張精算の水増し請求を許すべきでない。

コンサルティング会社時代に社内外ともに経理部の多くの社員たちと話をした中での共通点は、出張精算ほど人となりを露呈させるものはないということだ。

普段はどんなに美辞麗句を並べ立てていても、出張精算で嘘をついている人は必ず将来何か問題を起こすということだった。

私自身がサラリーマン時代に管理職として計25人分の出張精算を管理してきた。その経験を通して水増しは明らかに故意であると断言できる。

都内であれば地下鉄料金170円区間を200円と間違える人は多いがその逆はない。

どうせなら交通費で稼ぐのではなく、正々堂々と給料を上げよう。

39

部下の履いている靴は、毎日観ておく。

これから成功を目指す人には、ぜひ心掛けてほしいことがある。
それは自分自身の靴をピカピカに磨いておくことだ。
高級品を買えといっているのではない。
安物でも大いに結構だから、毎日磨き込んでおくことだ。
コツは家に帰ってから毎日10秒でいいから柔らかい布でさっと拭いておく。
布はたいそうなものでなくていい。
要らなくなった下着など柔らかい生地がおすすめだ。

たったこれだけのことで、目上のエグゼクティブや社外の成功者たちと出逢った際に必ず認められる時がやってくる。

私は今まで３３００人以上のエグゼクティブや成功者と1対1で面談してきたが、揃いも揃って履いている靴にはうるさかった。

足元にも気を遣えるということは、仕事ができるという証拠だ。

メーカーのコンサルティングに入った際に気づかされるのは、工場の床がピカピカの会社は業績がいいということだ。

床をピカピカに磨く時間的余裕があるということは、それだけ経営がきちんとされている証拠だ。

自分の靴に気を遣えるようになると、今度は人の履いている靴が気になる。

靴がピカピカでなければ他人の靴に関心を持てない。

ぜひ部下の履いている靴もピカピカになるようにしたい。

40

部下の態度は、100％あなた自身の鏡であることに気づく。

最近驚かされるのは、部下の悩み相談よりも上司の悩み相談のほうが多いことだ。

部下が上司に抑えつけられて悩んでいるというならまだ話がわかるが、上司が部下に気を遣って精神的にヘトヘトになっているのだ。

「これくらいなら部下のままで気楽に働いていたほうがマシだった……」という本音をポロリと漏らす。

気持ちもわからないわけではないが、部下のあなたに対する態度は、あなたの内面そのものである。

あなたの内面にずるい心があったり嘘があったりすると、手を変え、品を変え、すべての部下たちがありとあらゆる方法で教えてくれる。

もちろん部下たちは教えようとしてあなたの嫌がる態度をとっているわけではない。

あなたが無意識にやらかしてしまっていることを、あなたの鏡となってそのまま無意識に言動で顕してくれているにすぎない。

無意識同士という意味ではお互い様だといえる。

問題はあなたが先にそれに気づくことができるかどうかである。

トゲのある言動の部下がいたとすれば、あなた自身がどこかトゲのある言動を本人や他の誰かにしてはいなかっただろうか。

原因は自分にあると考えてみると、気づかされることは多い。

CHAPTER 05 発想力

「業界の常識で考えて……」が口癖になったら、
すでに成長が止まった証拠。

41 部下が3つアイデアを準備してくるのなら、あなたは30準備する。

育成のためと偽って、部下に仕事を丸投げして逃げ回っている人は多い。

もし将来伸びるリーダーとして活躍したいのであれば、部下以上に量をこなしておく必要がある。

「明日までに3つアイデアを考えてくるように」と部下に指示するのであれば、あなたは最低でも30のアイデアを考えておくことだ。

「オレはアイデアを30考えてきたぞ！」と自慢するためではない。

部下がどのくらい真剣に考え、どのくらい成長したのかを判断するためには、最低でも

10倍の量をこなしておく必要があるからだ。

優秀な部下であれば、あなたが10倍の準備をしていることくらい、すぐに気づく。

私の経験だが、コンサルタントの駆け出しの頃、カリスマコンサルタントと呼ばれる人物に講演会終了後、控え室で質問したことがある。

「どうしたらあのような質疑応答に即答できるようになるのですか」と。

カリスマコンサルタントは間髪を入れずにこう即答した。

「すべて過去に何度も考えたことのある質問だからだよ」と。

つまり圧倒的な準備をしているために、準備したことの中からしか質問が出ないということなのだ。

それ以来、私は上司から課題を与えられた際には、常にその課題の量の10倍をこなしていくようにした。

42 どんな常識に出逢っても、「逆に……」と考える癖をつける。

優れた発想の第一歩は常識を疑ってみるということだ。

誰もがわかっていても、いざとなったら行動に移せないのが人間だ。

コンサルティングに入った名だたる大手銀行に不手際を指摘したら「この業界の常識では……」という幹部社員の第一声が飛んできて驚かされたことがある。

あれだけの学校秀才を大量採用しておきながら、あの業界から世のため人のためになるような画期的なアイデアが何一つ生み出されない理由はここにある。

コンサルティング会社の社員たちの口癖は「逆に……」である。

会議の席ではもちろんのこと、コーヒーブレイクの雑談でさえ「逆に」と言い合っている。そもそも常識なんてまともに扱っていたら、その業界のコンサルティングなどできるはずがないからだ。

その道何十年の重役連中が威厳ある常識を振りかざせばかざすほどに、その常識を疑ってかかる。

ちょっと考えればわかるのだが、**根拠のない常識に何十年にもわたって頑なにしがみついてきたということは、自分たちの都合がいいからにほかならない。**

それ以外の理由などないのだ。

「せめて自分たちの任期中は常識を変えないでほしい」というだけの話だ。

真のリーダーを目指すのであれば、

権威ある常識を疑い、素人の的外れな意見ほど尊重しよう。

43

好きな人に「すごい！」と言ってもらいたいという動機が、発想の原点。

優れた発想は必ず人と深く関係してくる。

「尊敬している師匠に認められたい！」「好きな人にすごいと言われたい！」といった想いがベースになっている。

すべての偉大なアイデアや実績は、もともとの動機はとても下世話で不純なものだと考えて間違いない。

世に出てスポットライトを浴びるようになると、成功の要因は下世話で不純な動機だとは告白しづらいから高尚な動機をでっち上げているにすぎない。

もしあなたが周囲をあっと驚かせるようなアイデアを生み出したいのであれば、恋愛するのが一番だ。

片想いも立派な恋愛のうちだから、誰にだって恋愛はできる。

ただしその相手が心の底からの第一志望でなければ本気の恋愛ではない。

片想いであっても交際中であってもどちらでもいいのだが、肝心なその相手が第一志望であっては第百志望と恋愛しているのとたいして変わりがない。

「この歳でカノジョがいないなんて恥ずかしい」「カレがいないなんて友だちには言えない」からといって無難な相手でお茶を濁している限り、本気の恋愛はできない。

第一志望の相手と恋愛すると、あなたの喜怒哀楽が今までよりも激しくなる。

発想力とは喜怒哀楽力だ。

本気で笑えて本気で泣けるような恋愛をしよう。

44 日常のすべてを「自分事」として捉えると、アイデアが溢れてくる。

周囲を絶句させるほどのアイデアを捻出できる人の共通点は、人生すべてにおいて当事者意識を持って生きているということだ。

当事者意識というのは「自分事」だ。

他人が犯した過ちや他社の失敗を周囲やマスコミに迎合して批判するのではなく、まるで「自分事」のように受け止める。

「自分事」として受け止めると、まず頭がよくなる。

頭がよくなると本質が突けるようになる。

ビジネスで最重要なのは人の気持ちがわかることであり、人間観察力だ。

人間観察力を磨くためには、すべての他人事を「自分事」として喜怒哀楽を感じようとする姿勢が求められる。

学生時代に地理が抜群にできた人は、自分が各国のツアーコンダクターになったつもりで参加客に現地を解説している姿を極限まで「自分事」としてイメージできた人だ。

ビジネスでも人生においてもすべてを「自分事」として捉えることができる人は、ふと口から洩れたようなひと言の重みが決定的に違う。

99％のサラリーマンが他人事として物事を捉えているから、過去のデータや前例の有無にしがみつく。

そんな中すべてを「自分事」として24時間365日を生きているあなたが居合わせると、その場の空気に違和感を持つはずだ。

成長した証拠だ。

45 エッチでいつも攻められているなら、たまには攻めてみる。

マンネリを打破するには立場を変えてみるのが一番だ。

立場を変えれば、視点が変わる。

視点が変われば、発想が変わる。

発想が変われば、人生が変わる。

たとえばあなたがベッドでいつも攻められている側であれば、相手にお願いして攻める側に回ってみることだ。

反対にいつも攻めてばかりいるのであれば、たまには攻められる経験をしてみることだ。

攻めるほうも攻められるほうも、それぞれ新しい発見があるはずだ。

攻めるほうは、こんなに体力がいるのだと感謝できるかもしれない。

攻められるほうは、こんなに恥ずかしい思いをしていたのかと気づかされるかもしれない。

それ以外にも湯船にいつもとは逆の向きに浸かってみるとか、夕食のテーブルで隣の席に座ってみるとか、試すだけでも見える景色がまったく変わってくる。

いずれもわずか1メートル以内の移動だが、とても違和感があり変化を感じるものだ。

違和感や変化を避け続けることに慣れてしまうことを、老化現象と呼ぶ。

違和感や変化は慣れないうちは不快だが、この不快からこそ知恵が生まれる。

たいていは食わず嫌いの思い込みにすぎなくて、
実際に不快が取り除かれる頃には快感に変わっている。
人生を何倍も楽しむことができる。

46 雑談のほうが面白かったら、雑談の内容をメインにしてしまう。

つまらない会議では雑談のほうが面白くなってしまうことがある。

この時ダメなリーダーは無理やり本題に戻して、退屈な会議を再開させようとして参加者たちをウンザリさせる。

雑談のほうが面白くなってきたら、雑談を本題にしてしまうことだ。

雑談が盛り上がってアイデアが活性化してきたら、あなたがそのアイデアを本題に結びつけるようにすればいい。

訓練すれば、これは難しいことではない。

わずか1％でもキーワードで接点を見つけて、「なるほど！　これで今日の本題に結びつくわけですね」というひと言が口に出せればバッチリだ。

金魚すくいの話題に秋の読書キャンペーンのプロジェクトのアイデアを結びつけるのだ。

子どもの運動会の話題に社運を握る巨大プロジェクトのアイデアを結びつけるのだ。

むしろ本題なんて、こじつけやでっち上げでかまわないくらいだ。

大切なことは、正しいか間違っているかではない。

基準は常に、かかわる人にとってそれが面白いか面白くないかだ。

それ以外に基準はない。

つまらない本題は、本題が間違っているということにほかならない。


つまらないのに我慢してウンウン唸って考えたアイデアなど、お金を払ってくれるお客様が喜ぶはずがない。

47 煮詰まったらオフィスを抜け出して、平日昼間の展望台でサボってみる。

もしあなたのアイデアが煮詰まってきたら、何か用事をでっち上げてオフィスを抜け出すことが大切だ。

狭い会議室で閉じ籠っていると、ろくなアイデアが生まれない。

人は行き詰まると狭く物事を考えてしまう傾向があり、より行き詰まってしまう。

閉じ籠るのではなくて、いったん広げていくことが頭を活性化させるには大切なのだ。

ぜひ試していただきたいのは、近所で一番高い展望台に上って景色を眺めてみることだ。

街全体をぐるりと眺めてみると、まるで人が変わったかのように大きな気分になる。

鳥のように高い位置から地上をざっと眺めることを、俯瞰するという。

この俯瞰する力こそがリーダーには必須なのだ。

別の表現を使うと、「超」上から目線で物事を考えていく力も、時と場合によっては必要になるということだ。

部下たちが細かいことでぶつかり合っていたとしよう。

「超」上から目線で観察できるようになると「同じことを主張しているのに表現が違うだけだ」ということに気づく。

ぶつかり合っていた二人はハッと気づかされる。

この瞬間、あなたはリーダーになっている。

48 業界内で完璧に的外れなアイデアは、歴史を変える可能性がある。

20世紀には社内の常識を打破することが組織の使命だった。

21世紀には業界の常識を打破することが組織の使命になった。

これは世の中を見れば明らかである。

業界内の常識にしがみついている限り、あなたの組織に未来はない。

「うちの会社の常識では……」という表現はすでに死語になって久しい。

最近では「この業界の常識では……」という表現は、オヤジでもちょっと恥ずかしくなってきたようだ。

「常識」という日本語がネガティブワードになってしまった。

もちろん悪いのは「常識」という言葉ではなく、それを使っている人たちだ。

「常識」を連呼する人たちが、揃いも揃って落ちぶれてしまったためだ。

たとえば2009年に刊行され現在300万部のミリオンセラーとなっている『もし高校野球の女子マネージャーがドラッカーの『マネジメント』を読んだら』は発売前、業界内での評判は決してよくなかった。

ところがいざふたを開けてみると泣く子も黙るベストセラーとなって、たちまちアニメ化されて、ついには映画化までされて社会現象となった。

批判的だった他社はといえば、その恩恵に与ろう、と次々に類似書を出し続けた。

出版業界に限らず、ベストセラーにはこうした業界の常識を打破したものが多い。

49 精神的にも肉体的にもグッと圧縮した時間を経た後に、アイデアは宿る。

アイデアというのはリラックスしなければ出ないからと、四六時中リラックスしている人がいる。

あるいはその逆に、四六時中会議室に籠ってウンウン唸り続けて考える人がいる。もちろんこれらはどちらも誤りだ。

精神的にも肉体的にもとことん圧縮された状態を経過した後に、肩の力を抜いてゆったりとリラックスするとアイデアが生まれるのだ。

第一段階の圧縮期間にはあまり目を向けずに、第二段階のリラックス期間にだけ目を向けたり、あるいは、その逆だったりと偏るから誤解を招くのだろう。

リーダーとして活躍していくためには、圧縮期間だけでもダメだし、リラックス期間だけでもダメなのはいうまでもない。

自分も部下も圧縮してとことん考え抜いた後には、たっぷりと休憩しながらリラックスできるよう環境設定する。

アイデア会議の鉄則は短時間であるか休憩時間を頻繁にとるかだ。

短時間でグッと集中して一緒に考えて、もしほんの少しでも「ちょっと煮詰まってきたな」と感じたらすぐに休憩時間を確保する。

この一見相矛盾する圧縮と弛緩の繰り返しが強い組織をつくる。

50

アイデアを
お金にできる人とできない人の差は、
ペンを持っているか否か。

リーダーとして大活躍している人は、いついかなる時にでもペンを肌身離さず持っている。

これには例外がない。

中にはペンを2本以上持っている人もいて、ペンを持っていないお客様や、場合によっては部下にまで貸していた。

なぜ成功している人はペンを持っているのか。

アイデアが浮かんだら、その場でメモをとることができるようにするためである。

アイデアが尊くて怖いところは、メモをとらなければ次の瞬間に跡形もなく記憶から消

え去ってしまうことである。

「これはすごいアイデアだ！　人類の歴史を変えるかもしれない」と、あんなに興奮していても、メモをとらなければ忘れてしまうのだ。

つまりアイデアを形にする人は、メモをとるために常にペンを携帯している人だ。

ペンさえあれば紙はいくらでもある。

何もなければ掌に書いてしまえばいいだけの話。

ところがペンがなければ、いくら書ける紙がたくさんあってもメモをとることができない。

アイデアは一瞬で消え去ってしまうから、何も考えつかなかった人とまったく同じ人生を送ることになる。

そして誰かがそのアイデアを実現させた際に、

「あれはオレだって考えていたのに！」と叫びながら人生を終えるのだ。

CHAPTER 06 思考力

人は頭がよくなると、
謙虚にならざるを得ないようになっている。

51 オンでいくら考えたかより、オフでどれだけ気づいたか。

プロフェッショナルとそうでない人の差は、オンタイムではなくオフタイムで差がつく。

オンは誰でもそれなりに一生懸命だが、オフは疲れ果てて本当に何も考えられないという人は少なくない。

ところがこれだと人生の中盤以降で必ず人に使われる側の人間になっていく。

8時間240日労働で我慢に我慢を重ねて仕事をしている人は、24時間365日ずっと考えて気づいている人には永遠に敵わない。

つまりオンとオフの境目がなくなって幸せを感じる人が、真のリーダーになっていくのだ。

オンとオフの境目をなくすためには、好きなことを仕事にするか仕事を好きになるか、のいずれかだ。

「好き」の基準は、その仕事を人に強制されてやるのでなく、放っておいてもあなたがついついやってしまうレベルである。

あまり大きな声では言えないが、成功者と呼ばれる人たちは嫌々努力を積み重ねたのではなく、好きなことにずっと没頭し続けていたから成功したのだ。

あなたは今の仕事を楽しんでやっているだろうか。

楽しんでやっていると胸を張れるのであれば、どんどん頭がよくなっていくし、成功するのは間違いない。

レストランでの食事や遊園地で子どもと遊んだ経験を、すべて仕事のヒントにしていくのだ。

52 深く考えて煮詰まったら、広げてみる。

自殺してしまう人の共通点として、物事を非常に狭い範囲で考え思い詰めていることがあるという。

これを他人事として捉えていては、いつまでもあなたは気づいていくことができない。

仕事で煮詰まって思考停止状態になった場合、あなたもまったく同じことをしてはいないだろうか。

どんなに考え続けても、これ以上もう深掘りすることはできない。

「これが限界、これ以上どうしろというのか」と叫びたくなることもあるかもしれない。

この際に思考のブレイクスルーをするためには、狭く考えるのではなく逆に広げてみることだ。

一人で部屋に籠って考えるのではなく、積極的に人と会って話してみる。

毎日顔を合わせるメンバーとだけ考えるのではなく、他部署の人にも一緒に考えてもらう。

今考えている専門分野とはまったくかけ離れたように見える、他分野の本を読んでみる。

子どもの頃、公園の砂場で深い穴を掘るためには、まずスコップで広い穴を掘る必要があると気づかされたように、深く考えるために価値観を広げていくのだ。

深さと広さというのは相矛盾するものではなく、一体化させるべきものだ。

煮詰まって元気がなくなったら、

積極的に人と会ったり本を読んだりすると幸せになれる。

53 コンサルの「フレームワーク本」は、息抜きに親しみやすい1冊を読んでおく。

思考力を鍛えるために最近ブームのコンサル出身者が書いた「フレームワーク本」は有効なのだろうか。

もちろん有効だ。

これは、もっとも自分に馴染んだものを1冊だけ読んでおくといいだろう。

「フレームワーク」というのは情報を整理してくれる便利な思考の枠組みのことだ。

20世紀型の「経営とは直感と運と気合いだ！」的な根性論をすべて否定する気はないが、散らばった情報をフレームワークで整理すると、直感もより精度を増すし、運もよくなる。

結果として成果を上げやすいから気合いも入るというわけだ。

有名なフレームワークとして、SWOT分析（S：強み、W：弱み、O：機会、T：脅威）などがある。

何気なく使っている人もいるだろうが、あれこれすべて憶えるのではなくて自分がしっくりきたものを何度も使いこなしたほうがいい。

コンサルタントにしても有能な人ほど、自分が気に入った数少ないフレームワークをとことん使いこなしている。

絶対に犯してほしくない過ちは、数多くのフレームワークを暗記することに没頭するあまりに肝心の本業が疎かになってしまうことだ。

まずは自分に簡単に理解できそうなやさしい本を1冊選んで、1年間使い込んでみよう。

54 人より1回多く「なぜ?」と考える癖をつける。

サラリーマンとして年収1000万を超えるか否かというのは、今も「できるヤツか否か」の一つの目安だろう。

同じ社内の30代なのに、年収1000万を超えるAさんと年収400万のBさんがいる。

AさんとBさんの入社は同じだったのに、いったい何がどう違ってしまったのだろう。

今まで1万人以上のビジネスパーソンたちと対話してきた中でこんな事実に気づかされた。

それはAさんとBさんは、まったく同じものを見ても「なぜ?」と問う数が1回違うのだ。

Bさんが「なぜ?」と思わないところでAさんは1回「なぜ?」と思う。

Bさんが「なぜ?」と1回しか思わないところでAさんは2回「なぜ?」と思う。

このわずか1回の「なぜ?」の差が、組織のリーダーとそれ以外の人の明確な差になっている。

「なぜ?」と思うのは考えないからではない。

自分から積極的により深く考えようとしなければ、「なぜ?」とは思わない。

あなたがこれからリーダーとなって年収を増やしていきたいのであれば、今までより1回多く「なぜ?」と問うようにすることだ。


やってみればすぐにわかるが、1回「なぜ?」を増やすだけで脳みそがヘトヘトになるくらい鍛えられる。

55 短所を探すより長所を探すほうが、はるかに知性を問われる。

コンサルタント時代に出逢ったたくさんの人たちに、自分が好きな本をプレゼントしてきた。その中でこんなことに気づかされた。

何らかの形で礼状が届く人とそうでない人。

礼状が届いた人すべてが出世したわけではないが、出世した人からはみんな礼状が届いたことが印象的だった。

これは本に対するお礼のみならず、あらゆる仕事に対して通ずることだろう。

世の中には、お礼を言える人と言えない人がいるというだけの話。

次に、もらった礼状の中で、または別の機会にその人と会った際に触れられる本の感想。

長所を探す人と短所を探す人に見事に分かれた。

長所を探す人は「この部分がよかったです！」と謙虚な姿勢だった。

短所を探す人は「この部分が納得いかなかった……」とふんぞり返っていた。

長所を探す人はリーダーとして出世して豊かになり、短所を探す人は下っ端のまま貧しくなっていった。

理由は簡単だ。

長所を探すには高い知性が求められるが、短所を探すのは子どもでもできるからだ。

知性とは長所を探す力である。

知性のない人の口癖は「つまらない」「くだらない」だ。


世の中から「つまらない」「くだらない」をゼロにするのが知性なのだ。

56 どんなに忙しくても、1日1回は一人になる時間を確保する。

いつも群がっている人に知的な人は一人もいない。

知的な人はいつも単独行動だ。

群がっているとそれだけで弱そうに見えるだけでなく、知的にも見えない。

チームで協力していくことは必須には違いないが、それは普段単独でも実力を蓄えているプロフェッショナルだからこそ意味があるのだ。

お互いマイナス同士の未熟者が群がっても、マイナスがさらに大きくなるだけの話。

将来リーダーとして活躍したいのであれば、どんなに忙しくても1日1回は一人になる時間と場所を確保することだ。

会社に勤めていると意外にこれは難しく、あらゆるところで他人があなたの時間に土足で入り込んでくる。

考える間もなく電話が鳴り響くし、ようやく目の前の仕事が終わってゆっくりしようとすれば、上司に野暮用を頼まれる。

このように、流れに任せて放っておくと、あなたの時間は寝る時以外はすべて他人にコントロールされることになる。これでは考える力などつかない。

だからこそ何としてでも誰にも邪魔されない行方不明になれる時間を、1日に最低1時間は確保すべきなのだ。

決して不可能ではない。


早朝にオフィスの傍で開いているカフェを利用したり、ランチタイムは一人でどこかに行くのもいい。

57 「悔しさ」の記憶力と、その人の思考力は比例する。

悔しいという感情をなくしたら、人間おしまいだ。

悔しいという感情が人類を進化させてきたし、文明を築き上げた。

思考力は、穏やかでのんびりした人には磨くことができない。

他人より不器用でもの憶えの悪い人が「悔しい」という感情を爆発させた回数が、思考力を磨き上げていくのだ。

間違ってはいけないのは「悔しさ」の対象は、どこかの誰かではないということだ。

他人と競争したら、競争に勝った途端に思考をやめてしまうだろう。

童話の『うさぎとかめ』のうさぎと同じで、かめに勝ったと思った時点で人生終了だ。
それでは最初から何もしなかったのと同じことだ。

「悔しさ」の対象は常に自分自身である。

昨日の自分や今朝の自分と比べてか、あるいは想い描いた未来の自分とのギャップに「悔しい」と感じるのが、本当の「悔しさ」なのだ。

勝負は他人に勝ったり負けたりというのは表面上の話であって、本質的には自分自身に勝ったか負けたかでしかない。

自分自身との勝負に負けて「悔しい」という感情を爆発させた回数が多くなればなるほど、感情の記憶力が研ぎ澄まされることになる。

感情の記憶力を高めておくことは、あなたにとって生涯の宝になる。
自分自身に負けた「悔しさ」の継続力こそが、思考力の原点なのだ。

58 トップを目指すと、あなたの知力体力が漲ってくる。

「ナンバーワンよりオンリーワン」というコピーが一時流行った。

さすがに最近はあまり耳にしなくなったが、最初からオンリーワンを連呼するのは負け犬の遠吠えだ。

単にナンバーワンを目指すのが怖いから、オンリーワンという耳に心地よいお題目で互いに慰め合っているにすぎない。

最初は堂々とナンバーワンを目指すべきだ。

最初からナンバーワンを目指さないオンリーワンは、すべて偽物だと断言していい。

自分の見つけた分野でオンリーワンを目指しても、有能な人や会社に目をつけられたらたちどころに抜かれてしまう。

有能な人や会社が見向きもしないのなら、そもそもそんな分野でオンリーワンになっても価値がないということだ。

単に低レベルだから誰もやらずに競合相手が存在しないだけの話。

そこまで世間は甘くはないし、ずるい人や会社を評価してくれない。

ナンバーワンを目指すこととオンリーワンになることはまったく矛盾しない。

ナンバーワンを目指していく途中過程でしか、オンリーワンになる分野を探し当てることはできない。

真剣にトップを目指していくと、

あなたの知力体力を総動員しなければならない。

知力体力の極限まで挑み続け、真のオンリーワンを獲得していこう。

59

天才に出逢って、いかに自分がものを考えない人間かを思い知る。

自分のことを結構頭がいいと思っている人がいる。

最初にお断りしておくと、その人は相当のバカだ。

まったくおめでたいとしか言いようがない。

コンサルティング会社にいた時に不思議だったのは、自分のことを頭がいいと思っている人ほど本当にデキが悪かったという事実だ。

そういう人に限って、入社2年以内に文句タラタラで会社を去っていったものだ。

反対に、上には上がいることを熟知している人ほどデキがよかった。

それもそのはず。

頭がいい人や気づいていく人というのは、とてつもない天才に出逢ってとことん打ちのめされるという共通の経験をしているのだ。

とてつもない天才に出逢うと、人はまず謙虚になれる。

いかに自分が凡人かがわかり、気づけない人間だと反省させられる。

その結果、**努力する以外に方法はないと思い知らされるのだ。**

できるだけ若いうちに天才に出逢っておくといいのは、自分がいかに凡人かに気づかされることによって努力し続けようと思えるからだ。


努力が花開くまでには、たいてい10年かかる。

30代で花開こうと思えば、20代の頃に天才に出逢っておく必要がある。

60

世の中から「当たり前」を減らしていくことが、思考力をつけること。

「感謝は大切ですよ」「ありがとうと毎日100回は口にしなさい」と言う人がいる。

感謝することが、なぜそれほど大切なのだろうか。

そもそも感謝するとは、どんなことなのだろうか。

感謝とは「当たり前」をなくしていくことにほかならない。

この世の中から「当たり前」をゼロにしていくことが究極の感謝である。

「こんなの当たり前じゃないか」「こんな会社のいいところなんてない」というものこそ、感謝を見つけるチャンスなのだ。

感謝を見つけると「ありがたい」という気持ちが芽生えてくる。
「ご飯を食べることができてありがたい」「布団で眠ることができてありがたい」「働かせていただける会社が存在するとはありがたい」というように「ありがたい」で毎日が満たされてくるのだ。

この世のすべてのことを「当たり前」から「ありがたい」へとひっくり返していくことが、思考力をつけるということなのだ。

湯船に浸かってお湯が溢れるのを「当たり前」と思っている人はたくさんいたが、「これは当たり前ではない」「ありがたいことだ」と思った人がアルキメデスだった。

ニュートンもエジソンもライト兄弟もアインシュタインも、歴史に名を残す人物は「ありがたい」を探す天才だった。

CHAPTER 07 ライフスタイル

人生は、油断した１％で評価される。

61 タメになると感じたことは死ぬまで続け、ダメになると感じたことは今すぐやめる。

勇気とは何だろうか。

誰もが後退りするような状況で命を投げ出すことだろうか。

何も考えずに猪突猛進に突撃することだろうか。

そんなに気負う必要はない。

もしそれらを勇気と呼ぶのであれば、アクション映画かアニメの世界に限られるだろう。

真の勇気とは、誰もができることだが誰もがやっているわけではないことだ。

それは「タメになると自分が納得したことは死ぬまで継続し、ダメになると自分が納得したことは今この瞬間にやめること」である。

大切なことは、その基準が世間の常識でもなければマスコミが流す情報でもなく、すべて自分にあるということだ。

自分が心の底から本音で納得できたか否かが判断基準のすべてだ。

自分にとって読書はタメになることだと納得したのに、継続しない人は勇気がない人だ。

自分にとってタバコはダメになると納得したのに、今のこの瞬間にやめられない人は勇気がない人だ。

自分に嘘をついたことになって、それは自分自身が誰よりもよく知っている。

他人に嘘をついて騙せたとしても、自分に嘘をついて騙すことはできない。

いたってシンプル。

人生すべてにおいてこの判断基準で生きていくと、
驚くように想いが実現していく。

62 睡眠時間は、すべてにおいて最優先させる。

「オレは忙しくてろくに寝ていないんだよ！」というようではリーダー失格だ。

睡眠時間の短さを自慢するのは20世紀で終了したと考えよう。

21世紀は睡眠時間が短いのは他人にこき使われている証拠であり、恥ずかしいことだ。

リーダーはどの部下よりも睡眠時間を確保して熟睡しているべきだ。

理由は二つある。

一つは睡眠時間を確保できるのは、仕事がそれだけ段取りよくできているということ。

他人にこき使われることなく、早めに仕事を切り上げてゆったりとした自分の時間を確保できるというのはすばらしい。

もう一つは、組織のリーダーならクリアな頭で決断してもらわなければならない。徹夜明けや慢性的な睡眠不足の状態で重要な決断を下されても、部下たちにとっては単に迷惑なだけだ。

こうした理由をよく踏まえると、予め睡眠時間を確保してから残りの時間でスケジュールを立てるくらいでいい。

仕事のできる人たちは年間スケジュールを立てる際に、先に休日から確保する。

仮に休日が年間１２５日だとすれば、どんなことがあってもその休日は確保すると決める。

すると残りの２４０日は何ら迷うことなく仕事に集中することができる。

人生は熟睡した者勝ちだ。

63 歩いている最中に、道を尋ねられやすい人を目指す。

リーダーたるものは威厳があって気安く部下に話しかけられたら困る、という価値観の人はさすがに少ないにしても、実際にそうなっている人がいる。

近寄りがたい雰囲気を醸し出して、しかめ面をしているようなリーダーは少なくない。

別に本人に悪気はないのだろうが、自然にこうなってしまう人がいる。

ところがこうしたしかめ面リーダーたちは、いずれ落ちぶれる。

これには例外がない。

伸びるリーダーの共通点は話しかけやすい人だ。

理由は簡単で、周囲から情報と知恵がいつも集まってくるからだ。

話しかけやすい人になるには、どうすればいいのだろうか。

それは日常で簡単にトレーニングできる。

街中で歩いている最中に横断歩道の信号待ちや駅前で、道を尋ねられやすい人になることである。

道を尋ねられやすい人と声をかけられやすいリーダーは同一人物だ。

どうしたら道を尋ねられやすい人になれるのかは、実際に自分が道を尋ねる際にどんな人を選ぶのかを想像してみればわかりやすい。


「表情が穏やか」「姿勢がいい」「ゆったりしている」

といった特性が浮かぶはずだ。

これらの特性こそが情報や知恵が集まってくる条件なのだ。

64 物腰が柔らかで、部下と間違えられることを目指す。

優れたリーダーが必ずしも威厳があるわけではない実例を多数見てきた。

威厳とリーダーとしての実力は何ら関連性がないのはもちろんのこと、接点すらない。

優れたリーダーは威厳がなくても尊敬されていた。

あまりに物腰が柔らかなので取引先で部下と間違えられてしまった、という事例もある。

それは恥ずかしいことではなくて、誇れることなのだ。

たいていの上司は取引先で自分が部下と間違えられると、ムッとする。

ここで器の小ささを露呈するだけでなく、出逢いを失っていることに気づきたい。

優れたリーダーは、取引先で部下と間違えられたら間違えられたまま部下の役割を演じ続ける。


最後まで相手に気づかれなくてもかまわない。

大切なことは空気を壊さないことである。

「役職を間違えるとは失礼だ」と思っている人は、失礼なのは空気を壊そうとしている自分であることに気づくべきだ。

どっちが上司でどっちが部下かなんて、後から名刺を見たら一目瞭然だ。

そんなことでいちいち目くじらを立てることはない。


それよりは自分が部下と間違えられたことを「自分もようやく物腰が柔らかくなった」と、誇りに思うべきだ。

65 エレベーターでのビヘイビアは、あなたの人生の集大成。

高層マンションやオフィスビルでエレベーターに乗る際の姿は、その人の人生のすべてを物語っていることを憶えておきたい。

次の3つの基準でテストをすると10人中9人の大人が不合格だ。

①乗り合わせた人に挨拶をしているだろうか。

②足音が近づいてきたのに「閉」ボタンを連打していないだろうか。

③乗る順番と降りる順番を守ろうとしているだろうか。

ほとんどの人ができていない。

というよりできていない自覚すらないから、これらを読んでもピンとこない人も多い。

逆にこれらのことができている人と居合わせると実に気持ちがいいものだ。

その日が1日ハッピーになる。他人はどうでもいい。

あなたはこれらが例外なくできているだろうか。

これから日本人をどんなに教育しても10人中1人しかできない比率は変わらないだろう。

一つひとつ見たらとても簡単で当たり前のことなのに、10人中たった1人しかできない。

だからこそ、あなたがその1人になるのだ。

エレベーターで①～③ができる人は、
人生すべてにおいて人に幸せを運ぶことができている。

66 クラクションを鳴らすのは、とても恥ずかしいこと。

車を運転する人は、今日からクラクションを鳴らすことをやめよう。

クラクションを長時間にわたって鳴らし続けている人の顔を、一度じっくり見てみればいい。どう考えても幸せそうな人生を送っていないし、社会的にも虐げられている下っ端に見える。

コンサルタント時代にクライアント先で数多くの人の車に同乗させてもらったが、見事に人となりが運転に現れていた。


車の運転が穏やかな人ほどポジションが上の人で、車の運転が荒い人ほどポジションが

下だった。

「将来この人は偉くなるだろうな」という人は車の運転が穏やかだったのだ。私が助手席に乗っている時に運転席からクラクションを鳴らすような人は、その後、見るも無残な人生を送っている。

冗談ではなく車の運転というのは、これほどまでにその人の将来を物語っているのだ。もしあなたがクラクションを鳴らすタイプの人であれば、クラクションを鳴らすそのエネルギーを仕事の成果を上げることに転化しようではないか。

クラクションを鳴らしても年収は増えないどころかトラブルの元になりかねないが、そのあり余るエネルギーを仕事にぶつければ年収も増えて平和な人生を築ける。

クラクションは不幸の象徴なのだ。

67 青信号の点滅では横断歩道を渡らない、というお洒落。

ビヘイビアを身につけるためには、足繁くマナー研修に通う必要はない。身近なところから変えていくことだ。

たとえば歩行者用の青信号が点滅状態になったら渡らないと今日から決める。

散歩がてら観察していると気づかされるのは、表参道を歩いているようなお洒落でカッコいいモデルたちは横断歩道を走って渡らない。

誰もが青信号の点滅を見ると条件反射で走り出したくなるだろう。

ところがダッシュしている人は決して優雅ではない。

アスファルトをビジネスシューズで走ると一発で傷むし、髪は乱れ服にはしわが寄る。

このタイプの人は、たまたま点滅信号でダッシュするという行為が露呈しただけで、実は人生すべてがダッシュしなければならない貧しい時間の使い方をしているのだ。

そもそもダッシュしなければならないのは、段取りが悪くて遅刻しそうだからである。

あるいはいやらしく仕事を安請け合いしたからである。

普段から常に前倒しで生きる習慣のある人は、青信号の点滅でダッシュする必要はない。

そのうち青信号の点滅でダッシュしている姿を、
重要な取引先の人に目撃される。
その目撃した人があなたに対してイメージアップすることはない。

68 電車の中で座ったら、鞄は膝の上、股はピタリと閉じておく。

通勤や外回りの際に利用する電車内のビヘイビアは、あなたの本音だ。

1年間も電車に乗り続けていたら、必ず知人に何度か出逢っているはず。

目が合って挨拶を交わした知人だけに偶然出くわしたと思ったら大間違い。

むしろ目が合った知人のほうが偶然で、あなたは気づかなかったけれど向こうがあなたを見ていたという例が無数にある。

その証拠に逆にあなたが知人を見かけたけれど、その時は満員電車だったなどの理由で声をかけなかった経験があるだろう。

確率的にはまったく同じはずだ。

つまり電車やバスでのあなたのビヘイビアは、数多くの知人に目撃されているということだ。

大切なのは人目を意識しているあなたの姿は建前《ウソ》で、うっかり目撃されたあなたの姿が本音《ホンネ》だという事実だ。

予め知人がいるとわかっていたら多少意識してでもちゃんと振舞うだろうが、誰もいない状態でリラックスしていると、あなたのありのままの姿が露呈する。

普段、人前ではとても礼儀正しい人ほど、こうした公共の場で偶然見かけた際のビヘイビアとのギャップがひと際目立つ。

電車に乗って座ったら男性は股を閉じること、女性は鞄を膝の上におくことを意識すれば、それだけでビヘイビアのレベルは急上昇する。

69 人生をトータルで見たら、±0になると考える。

継続的に成功している人たちに共通の哲学がある。

それは人生をトータルで均して見たら、±0になるという考え方だ。

一時的に飛ぶ鳥を落とす勢いで成功しているように見えた人が、わずか数年後には世間に叩かれまくっている。

周囲から「もうこれでアイツの人生終わったよな」「ご愁傷様」とニヤニヤ笑われていた人が、一気に立場逆転で成功を収めて世の中に出てくる。

プラス100～マイナス100とかプラス10～マイナス10など振幅の大小には個人差あ

るが、トータルで見ると見事に±０になるのだ。

振幅の大きな大物人生と振幅の小さな小粒人生のどちらが正解ということはない。

自分の人生は、自分で選ぶことができる。

これを知っておくだけで、これからがんばろうとしているあなたはとても気が楽になる。

あなたの前に立ちはだかる壁は、あなたが超えられるからこそ現れたというのは100％本当の話なのだ。

もしあなたがプラスの状態を維持したかったら、プラスの状態の時期にあえてマイナスを創り出すことだ。


長期的に成功している世界の大富豪たちが、こぞって「寄付する」「周囲に分け与える」のは自らマイナスを創り出すことによってバランスをとっているのだ。

それが唯一長期的に成功する秘訣だ。

70 何が起こっても、すべてに何か理由があると考える。

本書の根底に流れる軸に「何が起こっても原因は自分にある」という考え方がある。

仮に目の前の苦しいことから逃げたとしても、時を経て別の形で苦しいことはあなたの目の前に再びやってくる。

いくら自分では先延ばししたつもりになっていても、人生の最後までそのツケは払わせ続けられるようになっている。

一時的にあなたが逃げ切ったとしてもセーフではない。むしろあなたの人生としてはアウトである。

子や孫の代になってもツケは払わせ続けられるからだ。

あなたが苦しむよりも子や孫が苦しむ姿を見ながら死んでいくほうが、遥かに苦しい。

だから目の前の事実から目を逸らしたり逃げたりしてはいけないのだ。

事実をありのまま受容するだけで、問題の半分は解決している。

利息がつくのは金融商品だけではなくて、人生すべてにおいて共通する。

いい行いをして放っておくと、巡り巡って大きな利息を雪だるま式につけた幸福が訪れる。

悪い行いをして放っておくと、巡り巡って大きな利息を雪だるま式につけた不幸が訪れる。

こんなにシンプルな宇宙の法則の中で私たちは生きているのだ。


宇宙には善悪を判断する力はない。

ひたすらバランスをとりたがっているだけなのだ。

昔、こんな男がいた。

「お前のような、もの憶えの悪い人間は初めてだ」

と罵られた彼はその会社を去って数年後、本社に招かれて名誉ある講演をした。

1万5000人を率いる重役からは、
先生と呼ばれた。
そして、リーダーを育てるリーダーになった。
彼は私の永遠のライバルだ。

二〇一一年九月　南青山の書斎から　千田琢哉

■千田琢哉著作リスト（2017年2月現在）

<アイバス出版>
『一生トップで駆け抜けつづけるために20代で身につけたい勉強の技法』
『一生イノベーションを起こしつづけるビジネスパーソンになるために20代で身につけたい読書の技法』
『1日に10冊の本を読み3日で1冊の本を書く ボクのインプット＆アウトプット法』
『お金の9割は意欲とセンスだ』
<あさ出版>
『この悲惨な世の中でくじけないために20代で大切にしたい80のこと』
『30代で逆転する人、失速する人』
『君にはもうそんなことをしている時間は残されていない』
『あの人と一緒にいられる時間はもうそんなに長くない』
『印税で1億円稼ぐ』
『年収1,000万円に届く人、届かない人、超える人』
『いつだってマンガが人生の教科書だった』
<朝日新聞出版>
『仕事の答えは、すべて「童話」が教えてくれる。』
<海竜社>
『本音でシンプルに生きる！』
『誰よりもたくさん挑み、誰よりもたくさん負けろ！』
『一流の人生 － 人間性は仕事で磨け！』
<学研プラス>
『たった2分で凹みから立ち直る本』
『たった2分で、決断できる。』
『たった2分で、やる気を上げる本。』
『たった2分で、道は開ける。』
『たった2分で、自分を変える本。』
『たった2分で、自分を磨く。』
『たった2分で、夢を叶える本。』
『たった2分で、怒りを乗り越える本。』
『たった2分で、自信を手に入れる本。』
『私たちの人生の目的は終わりなき成長である』
『たった2分で、勇気を取り戻す本。』
『今日が、人生最後の日だったら。』
『たった2分で、自分を超える本。』
『現状を破壊するには、「ぬるま湯」を飛び出さなければならない。』
『人生の勝負は、朝で決まる。』
『集中力を磨くと、人生に何が起こるのか？』
『大切なことは、「好き嫌い」で決めろ！』
『20代で身につけるべき「本当の教養」を教えよう。』
< KADOKAWA >
『君の眠れる才能を呼び覚ます50の習慣』
『戦う君と読む33の言葉』
<かんき出版>
『死ぬまで仕事に困らないために20代で出逢っておきたい100の言葉』
『人生を最高に楽しむために20代で使ってはいけない100の言葉』
DVD『20代につけておかなければいけない力』
『20代で群れから抜け出すために顰蹙を買っても口にしておきたい100の言葉』
『20代の心構えが奇跡を生む【CD付き】』
<きこ書房>
『20代で伸びる人、沈む人』
『伸びる30代は、20代の頃より叱られる』
『仕事で悩んでいるあなたへ 経営コンサルタントから50の回答』
<技術評論社>
『顧客が倍増する魔法のハガキ術』
< KKベストセラーズ>
『20代　仕事に躓いた時に読む本』
『チャンスを掴める人はここが違う』
<廣済堂出版>
『はじめて部下ができたときに読む本』

『「今」を変えるためにできること』
『「特別な人」と出逢うために』
『「不自由」からの脱出』
『もし君が、そのことについて悩んでいるのなら』
『その「ひと言」は、言ってはいけない』
『稼ぐ男の身のまわり』
『「振り回されない」ための60の方法』
<実務教育出版>
『ヒツジで終わる習慣、ライオンに変わる決断』
<秀和システム>
『将来の希望ゼロでもチカラがみなぎってくる63の気づき』
<新日本保険新聞社>
『勝つ保険代理店は、ここが違う！』
<すばる舎>
『今から、ふたりで「5年後のキミ」について話をしよう。』

『「どうせ変われない」とあなたが思うのは、「ありのままの自分」を受け容れたくないからだ』
<星海社>
『「やめること」からはじめなさい』
『「あたりまえ」からはじめなさい』
『「デキるふり」からはじめなさい』
<青春出版社>
『どこでも生きていける 100年つづく仕事の習慣』
<総合法令出版>
『20代のうちに知っておきたい お金のルール38』
『筋トレをする人は、なぜ、仕事で結果を出せるのか？』
『お金を稼ぐ人は、なぜ、筋トレをしているのか？』
『さあ、最高の旅に出かけよう』
『超一流は、なぜ、デスクがキレイなのか？』
『超一流は、なぜ、食事にこだわるのか？』
『超一流の謝り方』
『自分を変える 睡眠のルール』
『ムダの片づけ方』
『どんな問題も解決する　すごい質問』
<ソフトバンク クリエイティブ>
『人生でいちばん差がつく20代に気づいておきたいたった1つのこと』
『本物の自信を手に入れるシンプルな生き方を教えよう。』
<ダイヤモンド社>
『出世の教科書』
<大和書房>
『20代のうちに会っておくべき35人のひと』
『30代で頭角を現す69の習慣』
『孤独になれば、道は拓ける。』
『人生を変える時間術』
『やめた人から成功する。』
<宝島社>
『死ぬまで悔いのない生き方をする45の言葉』
【共著】『20代でやっておきたい50の習慣』
『結局、仕事は気くばり』
『仕事がつらい時 元気になれる100の言葉』
『本を読んだ人だけがどんな時代も生き抜くことができる』
『本を読んだ人だけがどんな時代も稼ぐことができる』
『1秒で差がつく仕事の心得』
『仕事で「もうダメだ！」と思ったら最後に読む本』
<ディスカヴァー・トゥエンティワン>
『転職1年目の仕事術』
<徳間書店>
『一度、手に入れたら一生モノの幸運をつかむ50の習慣』
『想いがかなう、話し方』
『君は、奇跡を起こす準備ができているか。』

『非常識な休日が、人生を決める。』
<永岡書店>
『就活で君を光らせる 84 の言葉』
<ナナ・コーポレート・コミュニケーション>
『15 歳からはじめる成功哲学』
<日本実業出版社>
『「あなたから保険に入りたい」とお客様が殺到する保険代理店』

『社長！この「直言」が聴けますか？』

『こんなコンサルタントが会社をダメにする！』

『20 代の勉強力で人生の伸びしろは決まる』

『人生で大切なことは、すべて「書店」で買える。』

『ギリギリまで動けない君の背中を押す言葉』

『あなたが落ちぶれたとき手を差しのべてくれる人は、友人ではない。』
<日本文芸社>
『何となく 20 代を過ごしてしまった人が 30 代で変わるための 100 の言葉』
<ぱる出版>
『学校で教わらなかった 20 代の辞書』

『教科書に載っていなかった 20 代の哲学』

『30 代から輝きたい人が、20 代で身につけておきたい「大人の流儀」』

『不器用でも愛される「自分ブランド」を磨く 50 の言葉』

『人生って、それに早く気づいた者勝ちなんだ！』

『挫折を乗り越えた人だけが口癖にする言葉』

『常識を破る勇気が道をひらく』

『読書をお金に換える技術』

『人生って、早く夢中になった者勝ちなんだ！』

『人生を愉快にする！超・ロジカル思考』

『こんな大人になりたい！』

『器の大きい人は、人の見ていない時に真価を発揮する。』
<PHP研究所>
『「その他大勢のダメ社員」にならないために 20 代で知っておきたい 100 の言葉』

『もう一度会いたくなる人の仕事術』

『好きなことだけして生きていけ』

『お金と人を引き寄せる 50 の法則』

『人と比べないで生きていけ』

『たった 1 人との出逢いで人生が変わる人、10000 人と出逢っても何も起きない人』

『友だちをつくるな』

『バカなのにできるやつ、賢いのにできないやつ』

『持たないヤツほど、成功する！』

『その他大勢から抜け出し、超一流になるために知っておくべきこと』

『図解「好きなこと」で夢をかなえる』

『仕事力をグーンと伸ばす 20 代の教科書』
<藤田聖人>
『学校は負けに行く場所。』

『偏差値 30 からの企画塾』
<マネジメント社>
『継続的に売れるセールスパーソンの行動特性 88』

『存続社長と潰す社長』

『尊敬される保険代理店』
<三笠書房>
『「大学時代」自分のために絶対やっておきたいこと』

『人は、恋愛でこそ磨かれる』

『仕事は好かれた分だけ、お金になる。』

『1 万人との対話でわかった 人生が変わる 100 の口ぐせ』

『30 歳になるまでに、「いい人」をやめなさい！』
<リベラル社>
『人生の 9 割は出逢いで決まる』

『「すぐやる」力で差をつけろ』

千田琢哉（せんだ・たくや）

文筆家。

愛知県犬山市生まれ、岐阜県各務原市育ち。

東北大学教育学部教育学科卒。日系損害保険会社本部、大手経営コンサルティング会社勤務を経て独立。コンサルティング会社では多くの業種業界における大型プロジェクトのリーダーとして戦略策定からその実行支援に至るまで陣頭指揮を執る。のべ3,300人のエグゼクティブと10,000人を超えるビジネスパーソンたちとの対話によって得た事実とそこで培った知恵を活かし、“タブーへの挑戦で、次代を創る”を自らのミッションとして執筆活動を行っている。

現在までの著書累計は240万部を超える（2017年2月現在）。

ホームページ：http://www.senda-takuya.com/

どこでも生《い》きていける
100年《ねん》つづく仕事《しごと》の習慣《しゅうかん》

2017年2月5日　第1刷

著　者　千田《せんだ》琢《たく》哉《や》

発行者　小澤源太郎

責任編集　株式会社 プライム涌光
電話　編集部　03(3203)2850

発行所　株式会社 青春出版社
東京都新宿区若松町12番1号 〒162-0056
振替番号　00190-7-98602
電話　営業部　03(3207)1916

印　刷　中央精版印刷　　製　本　大口製本

万一、落丁、乱丁がありました節は、お取りかえします。
ISBN978-4-413-23027-8 C0030

いくつになっても綺麗でいられる人の究極の方法
アクティブエイジングのすすめ
カツア・ワタナベ

「いまどき部下」がやる気に燃えるリーダーの言葉がけ
飯山晄朗

人を育てるアドラー心理学
最強のチームはどう作られるのか
岩井俊憲

老後のための最新版
やってはいけないお金の習慣
知らないと5年後、10年後に後悔する39のこと
荻原博子

原因と結果の現代史
たった5分でつまみ食い
歴史ジャーナリズムの会［編］

青春出版社の四六判シリーズ

たった5分の「前準備」で子どもの学力はぐんぐん伸びる！
できる子は「机に向かう前」に何をしているか
州崎真弘

〈ふつう〉から遠くはなれて
「生きにくさ」に悩むすべての人へ　中島義道語録
中島義道

人生に必要な100の言葉
頑張りすぎなくてもいい 心地よく生きる
斎藤茂太

内向型人間が声と話し方でソンしない本
1日5分で成果が出る共鳴発声法トレーニング
齋藤匡章

「何を習慣にするか」で自分は絶対、変わる
小さな一歩から始める一流の人生
石川裕也

お願い　ページわりの関係からここでは一部の既刊本しか掲載してありません。折り込みの出版案内もご参考にご覧ください。